AF451952

LES TROIS AVEUGLES,

COMÉDIE-PARADE,

EN UN ACTE ET EN PROSE;

Représentée, pour la première fois, à Paris, sur le Théâtre des Variétés Amusantes, le 4 Décembre 1782.

Prix, 1 *liv.* 4 *fols.*

A PARIS,

Chez CAILLEAU, Imprimeur-Libraire, rue Galande, vis-à-vis de la rue du Fouarre.

M. DCC. LXXXIII.

PERSONNAGES.	ACTEURS.
JÉROME, Aveugle.	M. *Volange.*
BABET, Fille de Jérôme.	Melle. *Buiſſon.*
JULIEN, Amant de Babet.	M. *Boucher.*
LA PIQUETTE, Oncle de Julien.	M. *Pénancier.*
JEAN-LOUIS, Aveugle.	M. *Baroteau.*
BASTIEN, Aveugle.	M. *Bordier.*
LE BAILLI.	M. *Beaubourg.*
LISIDOR.	M. *Dobigny.*
UN GARÇON LIMONADIER.	M. *Fleuri.*

La Scène eſt à la Campagne.

LES
TROIS AVEUGLES,
COMÉDIE-PARADE.

Le Théâtre repréfente une Place publique. Il y a à droite une petite Maifon, & à gauche un Cabaret.

SCENE PREMIERE.

JULIEN, *feul.*

IL n'eft encore prefque pas jour ; je parie qu'il n'y a que moi de levé dans le Village. Ce que c'eft que l'amour ! C'eft un furieux reveil - matin.... Voilà pourtant la demeure de Mamfelle Babet. Si ce qu'elle me difoit encore hier, eft vrai, ah ! elle ne doit pas être plus tranquille que moi.

A 2

N'faut pourtant pas que j'm'amufe, je n'fuis pas l'feul ici que l'amour tourmente. J'gagerois auffi que c'eft là une lettre d'amour, que ce Monfieur Lifidor m'a remife hier pour cette Dame de Paris. Julien, m'a-t-il dit, ne manque pas d'y aller drès le matin, & tu obferveras bien comment elle recevra ça. Elle ne dira peut-être rien, mais fes yeux parleront. Il n'y a que l'amour qui fait comme ça parler les yeux. Oh! je m'y connois, depuis que je fuis amoureux. Il ne faut pas que j'manque d'y aller, avant que Monfieur la Piquette foit levé; ça m'vaudra toujours quelque chofe pour faire un petit cadeau à Mamfelle Babet.... Mais, voilà Monfieur le Bailli fur pied de bon matin! Eft-ce qu'il y a auffi quelque mouche qui l'pique? Car, c'eft comme une épidémie que c't'amour.

SCENE II.

JULIEN, LE BAILLI.

JULIÉN.

Ousc'que vous courez donc fi vîte, Monfieur le Bailli? Vous n'allez pas à l'Audience fi matin.

LE BAILLI.

Pas encore, mon ami; mais comme j'ai appris que la Mère Simone & Lucas étoient en procès, je m'en vais les voir, pour tâcher de les arranger. On ne peut jamais fe lever trop matin pour faire du bien.

JULIEN.

On vous reconnoît bien là , Monsieur le Bailli;
aussi , tout le monde vous aime.

LE BAILLI.

Que veux-tu , mon enfant ? L'amitié & la re-
connoiffance de tous ceux qui ont befoin de moi ,
c'eft-là ma fortune. Nous autres Juges de Village ,
nous n'avons pas d'autres épices.

JULIEN.

Ah ! Monfieur le Bailli, vous qui êtes fi bon ,
qui avez tant d'efprit, ne pourriez-vous pas me
rendre fervice ?

LE BAILLI.

De tout mon cœur , mon enfant. Eft-ce que tu
as aufli un procès , toi , Julien ?

JULIEN.

Oh ! bien oui, allez, un procès ; bien au contraire, Mamfelle Babet & moi, nous n'demandons
pas mieux que d'nous accorder.

LE BAILLI.

Ah! oui, la fille de Jérôme l'aveugle ? Eh bien !
cela te convient , mon enfant ; elle eft jolie.

JULIEN.

Oh ! dame , je le crois bien : quoiqu'elle foit la
fille d'un aveugle , ça vous a les plus beaux yeux
du monde. Qu'en dites-vous , Monfieur le Bailli ?

LE BAILLI.

Eh bien , qu'eft-ce qui vous empêche de ter-
miner ? Conte-moi un peu ça , mon enfant.

JULIEN.

Vous voyez bien, Monfieur le Bailli, me v'là,

moi, premier Garçon chez Monfieur la Piquette, mon oncle, qui eft un marchand de Vins, v'là qui eft à merveille; mais ça ne fait pas encore un état. Mon oncle me céderoit bien fon fonds, fi j'avois feulement une douzaine de cent francs; mais ce père Jérôme eft un vieux ladre qui ne veut pas marier fa fille, dans la crainte de toucher à fon magot.

LE BAILLI.

Eft-ce que tu crois réellement qu'il a de l'argent?

JULIEN.

Oui, fûrement, il en a; mais, le diable, c'eft de favoir où eft le nid.

LE BAILLI, *à part.*

Le père Jérôme eft tenu de rendre compte à fa fille du bien de fa mère. Il n'eft pas jufte que, par fon avarice, il retarde le bonheur des deux jeunes gens qui fe conviennent fi bien. Quoique je fois vieux, moi, j'aime les jeunes gens, & je contribuerai toujours à les rendre heureux. (*Haut.*) Tu peux compter fur mon fecours; tâche feulement de découvrir le magot du bon-homme, & je te rendrai fervice.

JULIEN.

Tenez, Monfieur le Bailli, faites-moi toujours avoir Babet, c'eft le plus preffé; l'argent viendra après quand il pourra.

LE BAILLI.

L'un n'empêchera pas l'autre, & s'il y a quelque moyen, je te ferai bonne juftice.

JULIEN, *avec tranfport.*

Oh! comme nous vous aimerons, Monfieur le Bailli! comme nous vous aimerons!

LE BAILLI.

Je te quitte ; l'heure m'appelle. Viens me trouver chez moi au fortir de l'Audience , nous tâcherons d'arranger tout cela.

SCENE III.

JULIEN, *feul.*

QUE c'eſt un brave homme ce Monſieur le Bailli ! Il voudroit voir tout le monde heureux. Comme on aimeroit les vieillards , ſi ils étoient tous comme lui ? S'il ne goûte plus les plaiſirs de la jeuneſſe , il les partage , & ça lui en tient lieu. Allons bien vîte porter notre lettre , car ce Monſieur Liſidor pourroit s'impatienter.

SCENE IV.

JULIEN, BABET.

BABET , *appellant.*

MONSIEUR Julien ! Monſieur Julien ! (*Elle ſe cache.*)

JULIEN.

Ah ! c'eſt Mamſelle Babet ! je reconnois ſa voix.

BABET.

Ah ! vous m'avez reconnue, Monſieur Julien ! Je m'étois pourtant cachée.

JULIEN.

Bon ! Mamfelle , je reconnoîtrois cette voix-là
dans mille.

BABET.

Dame , faut qu'vous ayez l'oreille bonne !

JULIEN.

C'n'eft pas l'oreille qui fait , t'nez , ça va droit
au cœur.

BABET.

C'eft bien galant ça , Monfieur Julien ; mais
c'eft-il bien vrai ?

JULIEN.

Si c'eft vrai ? C'eft comme fi vous m'demandiez
s'il eft vrai que vous êtes gentille. T'nez , il n'y a
qu'un moment que j'parlois d'vous avec Monfieur
le Bailli.

BABET.

C'eft un bien honnête homme que Monfieur
le Bailli.

JULIEN.

Ah ! pour ça, oui. Allez, s'il ne tenoit qu'à
lui, ça s'roit déja fait, c'que vous favez bien.

BABET.

Quoi donc , que j'fais bien ?

JULIEN.

Pardi , ça s'demande-t-il ? Notre mariage.

BABET.

Ah ! Monfieur Julien, ça s'ra bien difficile.
Mon père n'entend pas du tout raifon là - deffus.

(*On entend la voix de Jérôme qui appelle Babet.*)
Oh ! je l'entends qui m'appelle ; sauvez-vous vîte.
quoiqu'il ne voie pas clair, il vous devineroit à
merveille.

(*Julien sort.*)

SCENE V.

BABET, JÉROME *sort de chez lui avec
un bâton d'une main & un tabouret de l'autre.*

BABET *prend le tabouret & conduit son pere où
elle le place.*

ME voilà, mon cher père.

JÉROME, *assis.*

D'où venez-vous donc, petite fille ?

BABET.

Pardi, vous l'savez bien ; je viens d'où vous
m'avez envoyée.

JÉROME.

Bon, faut-il une demi-heure pour aller chercher
du tabac?

BABET.

Dame, ce Marchand ne finit pas. Il est toujours
une heure à vous faire des questions. Voulez-vous
du sec, voulez-vous du mouillé ? Ça est impa-
tientant.... Eh ! non, Monsieur, je veux du mêlé.
Et puis, ils vous retournent vos pièces pendant
un quart-d'heure, car ils sont si difficiles sur la
monnoie.

JÉROME.

Mais, ne t'ai-je pas entendu parler avec quelqu'un, tout-à-l'heure ?

BABET.

Ah! pour ça non, mon père. Eſt-ce qu'on trouve quelqu'un à c't'heure ici dans les rues ?

JÉROME.

J'ai cru cependant reconnoître la voix de Julien ; c'eſt un drôle qui eſt toujours levé du matin.

BABET.

Ah! mon père, je ne fais pas quand il ſe lève, moi.

JÉROME.

Allons, en voilà aſſez ; donne-moi mon tabac.

BABET.

Le voilà, mon cher père. (*Jérôme le met dans ſa poche.*) Mais, mon cher père, ne vaudroit-il pas beaucoup mieux avoir une tabatière, que de mettre ainſi ce tabac dans votre poche ? Cela n'eſt pas trop propre.

JÉROME.

Taiſez - vous, petite fille ; allez, montez à votre chambre, & ſur - tout ne ſortez pas pendant que je ſerai dehors.

(*Babet ſort.*)

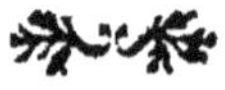

SCENE VI.

JÉROME, *seul.*

Oui, des tabatières, c'eſt fort bien dit ; mais je n'ai garde d'en avoir. On a du tabac, ce n'eſt pas pour ſoi, c'eſt pour les autres. Père Jérôme, une priſe de tabac ? On vous en rafle une demi-once tout d'un coup. Oh ! que je ne ſuis pas ſi bête ! Au moins quand il eſt dans ma poche, je ne ſuis pas obligé d'en donner.... Si on ne prenoit pas garde à ſoi, on iroit bien loin. C'eſt en ménageant de la ſorte, que je ſuis parvenu à me faire une petite fortune.... A propos, je me ſouviens que je n'ai pas compté ma quête d'hier. (*Il met ſon bâton à ſes pieds, & écoute de toutes ſes oreilles. Il tire quelques pièces de ſa poche.*) Une, deux, trois, quatre ; cela fait bien quarante-huit ſols. Il faut les mettre dans ma ceinture, avec les vingt & une livres qui y ſont. Encore douze ſols, cela fera un louis que je convertirai en or, & je le joindrai à ceux qui ſont là. (*Il ſoulève la coiffe de ſon chapeau, & tâte pour voir ſi ils y ſont encore.*) Oui, les voilà ; il faudroit être bien fin pour les trouver-là. (*Il dénoue ſa ceinture & y ſerre les pièces qui étoient dans ſa poche.*) — Mais, je crois que j'entends Jean-Louis ! (*On entend racler ſur le violon.*) — Oui, c'eſt bien lui.

SCENE VII.

JÉROME, JEAN-LOUIS, BASTIEN.

JEAN-LOUIS.

BASTIEN, fommes-nous encore loin du Car-
refour ?

BASTIEN, *bégayant.*

Nou ous, nous ous en approchons. (*Il renifle.*)

JÉROME, *à part.*

Ah ! le voici avec Baftien. Ils ont déja fait leur
ronde, & moi, je n'ai encore rien gagné. Cela
ne me préfage rien de bon pour au‚ourd'hui.
(*Haut.*) Ah ! c'eft toi, Jean-Louis, & toi auffi,
Baftien ?

JEAN-LOUIS.

Ah ! vous voilà, père Jérôme; je vous croyois
déja bien loin.

BASTIEN.

Tu le vois bien, Jean an-Louis; j't'a avois bien
dit qui il n'étoit pas tard, pui ifque le père Jérôme
ne e fait que d'fortir. Je e l'favois bien, moi,
pa arce que.... (*Il renifle.*)

JÉROME.

Avez‑vous déja gagné quelque chofe, vous
autres ?

JEAN-LOUIS.

Ma foi, non ; il ne paffe encore perfonne.

BASTIEN.

Moi oi, je e n'ai encore gagné que e d'l'appétit. (*Il renifle.*)

JÉROME.

Je vous en livre autant ; je ne me suis jamais senti l'appétit ouvert si matin.

JEAN-LOUIS.

Ni moi non plus. Il n'y a qu'à boire le rogome ; ça fait toujours attendre le déjeûner.

JÉROME.

Je le veux bien. Qui est-ce qui régale aujourd'hui ?

BASTIEN.

Ah ! d'ça, c'est votre tour, père Jérôme, pa arce que....

JÉROME.

Écoute : il me vient une idée. Vous êtes d'honnêtes gens.

LES DEUX AVEUGLES.

Ah !

JÉROME.

Nous ne sommes pas faits pour nous tromper les uns les autres.

LES DEUX AVEUGLES.

Sans doute.

JÉROME.

Eh bien ! allons chercher fortune chacun de notre côté, & ce que nous trouverons, nous reviendrons ici le mettre en commun, pour déjeûner tous les trois.

JEAN-LOUIS.

Vous êtes homme de bon conseil, père Jérôme; je le veux bien.

BASTIEN.

Voi oilà qu'eſt dit. (*Il renifle.*)

JÉROME.

Mais, de la bonne-foi entre nous....

LES DEUX AVEUGLES.

Ah! oui. Point de tricherie.

JÉROME.

Eh bien! c'eſt convenu. Allez-vous-en l'un à
droite, l'autre à gauche; moi, je m'en vas reſter
à roder par-ici autour, & dans un petit moment
nous nous rejoindrons.

JEAN-LOUIS.

Oui; au revoir, père Jérôme.

BASTIEN.

Bo onne chance.

(*Ils ſe quittent.*)

SCENE VIII.

JÉROME, *ſeul.*

JE craignois qu'ils ne ſe fuſſent apperçus de
quelque choſe. Il y a tant de gens qui s'intriguent
pour cacher leur pauvreté; moi, je tremble qu'on
ne s'apperçoive que je ſuis riche.... Doucement....
Je crois que j'entends marcher.

SCENE IX.

JÉROME, JULIEN.

JULIEN, *à part.*

V'LA un amoureux que je m'en vais rendre bien content! Il s'en faut bien que mes affaires foient auffi avancées, à moi.... Mais, voilà le père Jérôme.

JÉROME.

Eh bien, oui, c'eft le père Jérôme; qu'eft-ce qui parle donc de moi, là?

JULIEN.

C'eft votre ferviteur, père Jérôme; c'eft Julien, le Garçon Marchand de Vins d'ici près.

JÉROME, *avec humeur.*

Je ne dois rien au Cabaret.

JULIEN.

Ce n'eft pas cela non plus, c'eft feulement pour vous fouhaiter le bon jour.

JÉROME, *plus gaiement.*

Eh bien! bon jour, mon garçon, bon jour.

JULIEN.

Ah! fi vous vouliez, père Jérôme, vous pourriez me faire bien du bien.

JÉROME.

Moi! mon garçon! Comment veux-tu que je

te faffe du bien ? C'eft moi qui en demande aux autres.

JULIEN.

Oh ! que je m'entends bien ; fuffit.

JÉROME, *à part.*

M'auroit - il apperçu compter mon argent ? (*Haut.*) Mais , qu'eft-ce que tu veux donc dire ? Explique-toi ?

JULIEN.

C'n'eft pas la peine de m'expliquer mieux ; vous favez bien c'qùe j'veux dire.

JÉROME, *à part.*

O Ciel ! il m'aura découvert. (*Haut.*) Je ne te comprends pas du tout , moi ; je n'ai rien , ab- folument rien que ce que l'on veut bien me donner.

JULIEN.

Ah ! fi je poffédois ce que vous pourriez me donner , moi, je ne defirerois pas d'autre fortune.

JÉROME.

Mais , qui eft-ce qui a pu te faire des rapports comme ça ?

JULIEN.

Il n'y a pas de rapports là-dedans ; c'eft d'après moi que j'en juge, c'eft d'après cela (*Il met la main fur fon cœur, & en la retirant, touche le cha- peau de Jérôme.*)

JÉROME.

Qu'eft-ce que tu as vu ? Quelques liards, peut- être , que je comptois dans mon chapeau.

JULIEN.

J U L I E N.

Oui, il s'agit bien de liards? C'est un tréfor....

J É R O M E.

Un tréfor. (*A part.*) Je fuis perdu! Il aura tout vu. (*Haut.*) Mon cher Julien, fi tu étois un bon garçon, un honnête garçon.... Tiens, ne dis rien à perfonne.... n'en parle pas.... je ferai tout ce que tu voudras. (*A part*) Je fuis fi troublé, que je ne fais ce que je dis.

J U L I E N, *tranfporté.*

Eft-il pofible, père Jérôme? Je ne m'y ferois jamais attendu! Ce que c'eft que de parler! Quoi! vous confentez à mon bonheur! Ah! vous ferez auffi celui de Babet.

J É R O M E.

Qu'eft-ce que tu parles donc-là, de ton bonheur & de Babet? Je ne te comprends plus.

J U L I E N.

Je ne veux rien vous céler, père Jérôme. Tenez, votre fille m'aime; elle ne m'a pas caché c't'amour là, parce que je fuis, comme vous dites fort bien, un honnête garçon, & qu'elle peut bien me le découvrir fans que j'en abufe.

J É R O M E.

Je me doutois bien de quelque chofe à-peu-près comme cela; mais, enfin, qu'a de commun ce tréfor....

J U L I E N.

Oui, père Jérôme, c'eft un tréfor, ce n'eft pas trop dire; c'eft un tréfor de beauté & de gentilleffe, une merveille.... & puis c'eft un tréfor de

fageffe & d'efprit. Vous avez beau être fon père,
vous ne pouvez pas en difconvenir.

JÉROME, *à part.*

Ouais! j'avois pris le change. (*Haut.*) Si bien
que ce tréfor dont tu me parlois tout-à-l'heure,
c'eft ma fille!

JULIEN.

Oui , père Jérôme , c'eft-là le tréfor qui fait
toute mon ambition....

JÉROME.

Et quand tu me difois que je te pouvois faire
du bien , c'eft que tu me demandois ma fille en
mariage?

JULIEN.

C'eft juftement ça , père Jérôme , & vous y avez
confenti.... Mais , que vous êtes donc drôle? Vous
faites toujours comme fi vous n'entendiez pas.

JÉROME.

C'eft que tu as un ftyle d'amoureux , avec ton
tréfor & ta fortune ; moi, je n'entends rien à tout
ce jargon-là , c'eft ce qui fait que je t'ai paru comme
ça un peu ahuri.

JULIEN.

Mais vous confentez , toujours; c'eft dit ?

JÉROME , *à part.*

Oh! que j'ai eu-là une belle peur! (*Haut.*)
Comment! comment! c'eft dit? Qu'eft-ce que je
t'ai donc dit , moi? je ne m'en fouviens plus.

JULIEN.

Pardi , vous m'avez dit que fi j'étois un joli

garçon, que j'n'avois qu'à n'en rien dire à perfonne, & que vous m'donneriez votre fille en
mariage.

JÉROME.

Oui, oui, c'eft bien ça que je t'ai dit, c'eft
bien ça.... Mais, je ne t'ai pas fifqué le tems.

JULIEN.

Non! Oh! pardi, le tems, le voilà, ou jamais.
V'là Mamfelle Babet qui a eu fes dix-fept ans à
Pâques, & moi, qui....

JÉROME *fe lève & emporte fon tabouret.*

Eh bien! dans huit ans, nous parlerons de ça,
parce que j'ai réfolu de ne pas marier Babet avant
vingt-cinq ans. Prends patience, mon garçon, &
n'en parle à perfonne. Adieu, Julien. (*A part.*)
Oh! que je l'ai échappé belle!

JULIEN.

Mais qu'eft-ce que ça veut donc dire, père
Jérôme, avec vos vingt-cinq ans? V'là une ré-
flexion qui vous prend comme une envie d'é-
ternuer.

JÉROME.

Adieu, Julien; adieu.

JULIEN.

Mais, écoutez donc, encore un mot.

(Jérôme fort.)

B 2

S C E N E X.

J U L I E N , *feul.*

IL s'en va , & il a l'air encore de fe moquer de moi.... Une affaire qui paroiſſoit prendre une fi bonne tournure.... Mon cher Julien par-ci, mon cher Julien par-là.... Moi , j'ai cru que c'é-toit toiſé , & point du tout , bien au contraire.... Avez-vous jamais vu rien de plus capricieux que ce vieillard là ?... Ah! voilà le Monſieur à la lettre. Je fais bien les affaires des autres , il n'y a que les miennes que je fais mal....

S C E N E X I.

J U L I E N , L I S I D O R.

L I S I D O R.

TU me fais mourir d'impatience , mon cher Julien ; j'ai cru qu'un amoureux comme toi con-noiſſoit le prix des inſtans.... Mais , je vois que tu es triſte !... Tu ne me dis rien! Ah! Ciel! je fuis perdu ! on n'aura pas voulu recevoir ma lettre.

J U L I E N , *triſte.*

Non , Monſieur , on ne l'a pas refuſée ; on l'a prife, on l'a lue , on l'a relue , & puis on l'a baiſée , votre lettre.

LISIDOR.

Eſt-il poſſible ! Tu combles mes vœux du plus doux eſpoir.

JULIEN.

Et puis on m'a dit que vous n'aviez qu'à venir chercher votre réponſe, qu'elle ſeroit ſi tendre, ſi tendre, qu'on ne vouloit la faire qu'à vous-même.

LISIDOR.

Tu m'apprends la plus heureuſe nouvelle du monde d'un air auſſi triſte que s'il y avoit de quoi m'affliger.

JULIEN.

Oh! Monſieur, vous êtes en bon train, vous, vous n'avez qu'à vous laiſſer aller. Si je ſuis triſte, moi, c'eſt pour mon compte.

LISIDOR.

Ah! Julien, ſi je puis à mon tour te rendre ſervice, ne m'épargne pas. Je ſuis tranſporté! Je cours au rendez-vous que l'on vient de m'accorder.

JULIEN.

Et moi, je m'en vais courir chez Monſieur le Bailli pour qu'il m'ayde de ſes conſeils.

LISIDOR, *revenant.*

A propos, je veux reconnoître tes bons offices.

JULIEN.

Oh ! Monſieur, ce n'eſt pas la peine. (*Pendant ce tems, les trois Aveugles paroiſſent dans le fond du Théâtre, & entendant du monde, ils s'approchent en préſentant chacun leur chapeau.*)

LISIDOR, *ouvre sa bourse.*

Je suis si content, que je veux que tu te res-
sentes un peu de mon bonheur.

(*Julien toujours triste & sans rien dire, fait seule-
ment un signe de remerciement & ainsi jusqu'à la fin
de la Scène. De leur côté, les trois Aveugles, croyant
qu'on s'adresse à l'un d'eux, font des signes de
joie.*)

LISIDOR, *à Julien.*

Il y a long-tems que je ne t'ai rien donné ; tiens,
mon ami, voilà un écu de six francs, va-t-en boire
à ma santé. (*Il s'en va très-vîte. Julien, après avoir
pris l'écu & remercié de la tête, sort aussi sans
rien dire.*)

SCENE XII.

LES TROIS AVEUGLES.

JÉROME.

Un écu de six francs !

JEAN-LOUIS, *branlant la tête.*

Un écu de six francs !

BASTIEN.

Un un écu de six francs ! (*Il renifle.*)

JÉROME.

Il faut que que ce soit quelque grand Seigneur.

JEAN-LOUIS.

Oh! oui, il faut que ce foit un Prince en cognito.

BASTIEN.

Tou out au moins.

JÉROME.

Ah! ça, Meffieurs, vous favez bien notre convention; il ne faut pas mettre ce frufquin-là dans la plotte.

JEAN-LOUIS.

Ah! oui, c'eft jufte, ça, c'eft pour pitancher.

BASTIEN.

C'eft eft convenu comme ça.

JÉROME.

A moins qu'on en partage la moitié, & puis avec le refte, nous ferons la ribotte.

JEAN-LOUIS.

Oh! que non, Jérôme; n'faut pas aller contre c'qu'eft dit, ça nous porteroit malheur; il faut tout faire ce matin.

BASTIEN.

Oui i, c'eft-là fa deftination. (*Il renifle.*)

JÉROME.

Eh bien! allons, je le veux bien : voilà ici jufte-ment le Cabaret du père la Piquette.

JEAN-LOUIS.

Oh! le père la Piquette! Nous traitera-t-il comme il faut, cet homme-là ?

BASTIEN.

Oui i, ça a n'eft pas peut-être trop bien fourni.

JÉROME.

Il n'y a qu'à lui demander du meilleur.

JEAN LOUIS.

Oh ! sûrement, du meilleur.

BASTIEN.

Mais ais oui, c'est du meilleur qu'il nous faut.

JÉROME & LES DEUX AVEUGLES.

Allons, eh ! la maison, la maison !

BASTIEN, *appellant toujours.*

La maison, la maison ! (*Jusqu'à ce que la Piquette le fasse taire.*)

SCENE XIII.

LES TROIS AVEUGLES, LA PIQUETTE.

LA PIQUETTE.

ON y va, on y va..... Mais, qu'est-ce que c'est donc que ces Aveugles-là, qui crient comme des sourds ?

JÉROME.

Aveugles! Mais, prenez garde à qui vous parlez.

LA PIQUETTE.

Pardi, je vois bien que je parle à des Aveugles, peut-être. Faut-y pas prendre des mitaines pour ça ?

JÉROME.

Mais, Monsieur la Piquette, est-ce que c'est comme ça qu'on reçoit les pratiques ?

LA PIQUETTE.

Bonnes chiennes de pratiques, vraiment. Allons, dépêchons : qu'est-ce qu'y vous faut ?

JÉROME.

Ce que vous avez de meilleur & de plus cher.

JEAN-LOUIS.

Entendez-vous, papa ? ce que vous avez de plus cher.

BASTIEN.

Oui i, c'est clair, ça ; nous ne demandons pas de crédit, & c'est du comptant.

LA PIQUETTE.

Ah ! Messieurs, je vous demande bien pardon. Voulez vous du beurre frais, du fromage de Roquefort ?

JÉROME.

Allons, fi donc ! du beurre, du fromage ! Je ne sais vraiment pour qui vous nous prenez.

LA PIQUETTE.

J'ai des côtelettes de porc-frais & des riz-de-veau.

JÉROME.

A la bonne heure ; c'est un peu plus présentable. Accommodez-nous de ça, & tout de suite. Primo d'abord il nous faut du bon vin, du vin de Bourgogne.

JEAN-LOUIS.

Ou du vin de Campagne.

BASTIEN.

Ou du vin de Brodeaux.

LA PIQUETTE.

Mais, entendons-nous : duquel des trois ?

JÉROME.

Donnez-nous du meilleur que vous ayez, le pays n'y fait rien.

LA PIQUETTE.

Allons, Messieurs, vous allez être servis dans la minute; c'est que mon Garçon est sorti.

JÉROME.

Eh bien ! est-ce que vous ne pouvez pas vous-même mettre le couvert? est-ce que vous êtes trop gros Seigneur pour ça ?

LA PIQUETTE.

Non, non; j'y vas. (*Il sort.*)

SCENE XIV.

LES TROIS AVEUGLES.

JÉROME.

C'EST que , voyez-vous, il faut savoir un peu se faire servir.

JEAN-LOUIS.

Oui, il faut un peu parler à ces gens-là.

BASTIEN.

Ç'a a est juste; il faut bien leur faire voir ce qu'on est.

JÉROME.

Dame, quand on paye, on a ce droit-là, je crois.

JEAN-LOUIS.

Oui, fûrement ; il n'y a pas de plus grand Seigneur que celui qui paye comptant.

BASTIEN.

C'eft eft jufte ; ça s'fait obéir, cet argent.

SCENE XV.

LES TROIS AVEUGLES, LA PIQUETTE.

LA PIQUETTE *apporte une table, un banc, il met le couvert, apporte du vin, & verfe à chacun des Aveugles.*

TENEZ, Meffieurs, voilà ce qui s'appelle une bonne bouteille de vin.

JÉROME.

Nous allons voir ça.

LA PIQUETTE.

Moi, je m'en vas voir au fricot. Quand vous aurez befoin de quelque chofe, vous n'aurez qu'à appeller.

JÉROME.

Oui, mais ne vous tenez pas trop loin, toujours, parce que fi l'on a befoin d'affiettes, on n'eft pas bien aife de fe lever comme ça à tout moment.

LA PIQUETTE.

Je ne vas qu'à la Cuifine ; je vous entendrai bien.

SCENE XVI.

LES TROIS AVEUGLES. *Ils boivent.*

JÉROME.

EH bien ! comment trouvez-vous ce vin-là, vous autres ?

JEAN-LOUIS.

Hon, hon, il n'eſt pas trop mauvais.

BASTIEN.

Oui i, ça peut paſſer comme ça.

JÉROME.

Il faut que nous buvions un coup à la ſanté de celui qui nous régale.

JEAN-LOUIS.

Ah ! il le mérite ; bien volontiers.

BASTIEN.

Oui i, c'eſt juſte, ça, c'eſt bien le moins.

(Ils boivent.)

JÉROME.

A préſent, il faut boire à la nôtre. Allons, qui eſt-ce qui verſe ? (*Il tend ſon verre.*)

JEAN-LOUIS.

Oui ; qui eſt-ce qui tient la bouteille ? (*Il tend ſon verre.*)

BASTIEN.

Ve erfez tout plein. (*Ils rendent tous trois leur verre, & croyant qu'il eft plein, ils le portent à la bouche. Ce jeu de Théâtre fe fait deux fois ; après quoi, le père Jérôme, en tâtonnant, attrappe la bouteille qui eft fur la table, & dit :*

JÉROME.

Oh ! pour le coup, je tiens la bouteille, on ne m'attrappera plus.

JEAN-LOUIS.

Mais c'eft vous qui nous attrappez, père Jérôme ; moi, je n'ai pas bu.

BASTIEN.

Ni i moi non plus, que je fache.

(*Le père Jérôme leur verfe à boire, ils choquent & boivent.*)

S C E N E X V I I.

LES TROIS AVEUGLES, LA PIQUETTE
entre, en tenant les plats.

LA PIQUETTE.

TENEZ, voilà chacun votre côtelette & le riz-de-veau ; vous me direz fi c'eft bien accommodé. (*Il regarde la bouteille qui n'eft qu'à moitié*) Je vois que vous n'avez plus de vin, je vas vous en rapporter deux bouteilles. (*Il remplit la bouteille qu'il vient d'emporter.*)

JÉROME.

Ne tardez pas , car j'ai foif. (*Il tâte pour favoir fi on lui a apporté une ferviette.*) Eh! la maifon , la maifon !

SCENE XVIII.

LES PRÉCÉDENS, LA PIQUETTE.

LA PIQUETTE , *revient, tenant deux bouteilles.*

VOUS êtes diablement altéré , père Jérôme ; mais ça ne vous ôte pas la voix. (*Il prend une bouteille fur la table avec un gobelet & boit plufieurs coups de fuite.*)

JÉROME.

Eft-ce que vous nous prenez pour des cochons , Monfieur de la Piquette , fauf votre refpect , ou bien , fi vous n'avez pas de ferviettes blanches chez vous ?

JEAN-LOUIS.

Ah ! c'eft vrai ; je n'y penfois pas.

BASTIEN.

C'eft eft jufte , ça ; fi il alloit tomber de la fauce fur notre habit ?

LA PIQUETTE.

Je ne croyois pas que vous fuffiez fi difficiles ; vous allez en avoir. (*Il fort , & revient avec des ferviettes qu'il donne aux Aveugles.*)

SCENE XIX.

LES TROIS AVEUGLES *mangent.*

B A S T I E N, *dont une partie de sa serviette couvre son assiette, prend avec sa fourchette la côtelette & la serviette en même tems, & mordant après, il dit :*

Diantre ! il y a du tiran, là-dedans.

JÉROME.

Il n'est pas fort attentif, ce Monsieur de la Piquette ; c'est que ça n'a pas souvent du monde.

JEAN-LOUIS.

Oui, ça ne reçoit guères ici que des petites gens.

BASTIEN.

Ça a n'a pas toujours bo onne compagnie.

JÉROME.

On ne fait pas non plus tous les jours des dépenses comme ça. Nous n'avons pas souvent de pareilles aubaines..... Je me souviens pourtant d'avoir reçu une fois un écu d'un joueur, qui venoit de passer dix-sept fois aux trente & quarante.

JEAN-LOUIS.

Et moi, aussi ; d'un Gascon qui venoit d'épouser la fille d'un Usurier.

BASTIEN.

Et & moi, d'une jeune veuve, qui venoit d'enterrer un vieux mari.

JÉROME.

Oh ! dame, c'est un bon métier que le nôtre,
& c'est le premier de tous.

JEAN-LOUIS.

Sûrement ; ce n'est pas là une profession mé-
canique.

BASTIEN.

Oui i, c'est un état libre.

JÉROME.

Il n'y a pas de gain plus légitime que le nôtre ;
rien de mieux acquis que ce qui est donné.

JEAN-LOUIS.

Nous ne sommes pas obligés de faire comme
les Marchands qui raccourcissent leurs aulnes
le plus qu'ils peuvent.

BASTIEN.

Ni i comme les Procureurs & les Avocats,
qui allongent leurs écritures, Dieu sait !

JÉROME.

Et on ne nous paye pas comme eux, en
rechignant.

JEAN-LOUIS.

Et on ne nous fait jamais rendre ce que nous
avons reçu.

BASTIEN.

Oui i, on on nous donne tou oujours de
bon cœur, & il ne nous en coûte qu'un grand
merci.

JÉROME.

JÉROME.

Ah ! ça , il ne faut pourtant pas perdre toute notre journée ; il faut penfer à demain. Si nous demandions la carte ?

JEAN-LOUIS.

A préfent que nous voilà bien repus , il faut nous en aller faire notre tournée.

BASTIEN.

Oui i , il n'y a qu'à à payer & nous en aller.

JÉROME.

Eh ! la maifon ! Père la Piquette !

(Ils fe lèvent de table. Baftien fe lève le premier ,
& auffi-tôt les deux autres Aveugles tombent
à terre , le banc fur lequel ils étoient affis ,
n'ayant qu'un pied de bon.)

SCENE XX.

LES TROIS AVEUGLES, LA PIQUETTE.

LA PIQUETTE.

QU'EST-CE qu'il vous faut ?

BASTIEN.

Otez le couvert, & ramaffez les plats.

JÉROME.

Donnez-nous le mémoire , papa , qu'on vous donne du quibus.

LA PIQUETTE.

Vous avez trois bouteilles de vin à vingt fols, c'eſt trois livres. Trois côtelettes à fix fols, c'eſt dix-huit fols. Un plat de riz-de-veau de douze fols, fix fols de pain & fix fols de couvert. Six & fix font douze, & douze font vingt-quatre ; vingt-quatre & dix-huit, c'eſt quarante-deux ; quarante-deux & trois livres, c'eſt cent deux fols.

JÉROME.

Cent deux fols ? Ça fait donc dix-huit fols à nous rendre fur les fix francs.

JEAN-LOUIS.

Pour dix-huit fols, nous pouvons bien avoir chacun un petit verre de liqueur.

BASTIEN.

Oui i, il faut qu'il n'y ait rien de reſte.

LA PIQUETTE.

Eh bien ! je vas vous envoyer le Garçon du Café.

(*Il fort.*)

SCENE XXI.

LES TROIS AVEUGLES.

JÉROME.

C'EST bien penſé ; ça nous donnera des forces.

JEAN-LOUIS.

Dame, il faut faire la fête complette.

BASTIEN.

I il n'y a pas de bon repas ſans la a petite goutte de liqueur.

SCENE XXII.

LES TROIS AVEUGLES, LE GARÇON LIMONADIER, *avec pluſieurs Taupettes de Liqueurs.*

LE GARÇON.

DUQUEL voulez-vous, Meſſieurs ?

JÉROME.

Qu'eſt-ce que vous avez-là ? Connez-... peu ça.

LE GARÇON.

Voilà du Scubac, de la crême des Barbades, de l'huile de Vénus.

BASTIEN.

Point de crêmes des Barbares....

JEAN-LOUIS, *eu riant.*

Non, non ; mais de l'huile de Vénus, père Jérôme ?

BASTIEN.

Oui i, ça promet, l'huile de Vinus.

JÉROME.

Je ne me souviens plus du goût de cette liqueur-là.

JEAN-LOUIS.

Ni moi non plus.

BASTIEN.

Eh eh bien, Garçon, de l'huile de Vinus.

(On leur sert la liqueur, ils boivent.)

SCENE XXIII.

LES PRÉCÉDENS, LA PIQUETTE.

JÉROME.

ÇA fait les six francs tout juste ; il n'y a plus
qu'à payer, & bon soir la compagnie.

JEAN-LOUIS.

Oui, c'est le plutôt fait, ça.

BASTIEN.

I il n'y aura pas de monnoie à nous rendre.

JÉROME.

Avez-vous payé, vous autres ?

JEAN-LOUIS.

A-t-on donné l'écu de six francs ?

BASTIEN.

E est-ce fait ? (*Ils prennent leur bâton, & font
mine de s'en aller.*)

LA PIQUETTE.

Un moment, donc, je ne suis pas payé.

LE GARÇON LIMONADIER.

Ni moi non plus.

JÉROME.

Allons donc, vous autres ; donnez cet écu, &
finissons.

JEAN-LOUIS.

Allons, allons donc; nous fommes preffés.

BASTIEN.

Oui i, il ne faut pas faire attendre les gens.

LA PIQUETTE.

Eft-ce que vous avez envie de vous moquer de moi ?

LE GARÇON LIMONADIER.

Eft-ce que vous croyez vous faire rire à nos dépens ?

JÉROME.

Non, il n'y a pas de moquerie là-dedans. Qui eft-ce donc qui a reçu l'écu de fix francs de ce Monfieur ?

JEAN-LOUIS.

Ce n'eft pas moi, toujours.

BASTIEN.

Ni i moi non plus, certainement.

LA PIQUETTE.

Je n'entends rien à tout cela..... Père Jérôme, vous êtes le plus riche, c'eft à vous à qui je m'adreffe; payez-moi.

JÉROME.

Je ne payerai rien.

JEAN-LOUIS.

Je ne payerai pas non plus.

BASTIEN.

Ce e n'eft pas à moi à payer.

La Piquette.

C'eſt le père Jérôme qui a commandé le déjeûner, il me payera, ou nous allons voir.

Jérome.

Je ne dois rien ; ce n'eſt pas moi qui ai reçu
les ſix francs ; & la preuve de ça, c'eſt que je
n'ai pas le ſou.

Jean-Louis.

Je n'ai pas le premier liard.

Bastien.

Je e défie bien qu'on me faſſe payer.

La Piquette & le Garçon.

Ah ! vous ne voulez pas me payer ? Moi, je
prends tout ce que je trouve. (*Ils ſautent ſur le
chapeau du père Jérôme. La Piquette s'en ſaiſit &
le ſecoue. Jérôme crie de toutes ſes forces, au
voleur !*

La Piquette.

Ah ! ah ! voilà un chapeau qui eſt bien lourd!
Il y a ſûrement là de quoi nous payer.

Jérome.

Ah ! je ſuis ruiné, je ſuis aſſaſſiné ! Au voleur!

Jean-Louis.

Moi, je me retire ; payera qui pourra.

(Il ſort.)

Bastien.

Oui i , arrangez-vous comme vous voudrez.

(Il ſort.)

C4

SCENE XXIV.

JÉROME, LA PIQUETTE, LE GARÇON LIMONADIER, BABET, JULIEN.

BABET, *entrant.*

MAIS, je crois que j'entends la voix de mon père! Qu'eſt-ce qu'il lui arrive donc là?

JULIEN.

Oh! oh! voilà le père Jérôme en diſpute avec mon oncle!

JÉROME.

Mes bonnes gens, au ſecours; on me vole, on m'aſſaſſine.

LA PIQUETTE.

C'eſt ce vieux coquin qui vient boire mon vin, & qui ne veut pas payer.

LE GARÇON LIMONADIER.

Oui, le vieux ladre qui a de l'argent plein ſon chapeau, & qui ne veut pas payer trois verres de liqueur.

LA PIQUETTE.

Oh! il ne l'aura qu'à bonnes enſeignes, ſon chapeau. (*Il regarde & découd un peu le chapeau.*) Il y a au moins cent louis dans ce chapeau-là.

JÉROME.

Allons, rendez-moi ce chapeau, & je vas payer. (*Il fouille dans sa ceinture.*)

JULIEN.

Oh! que non! je m'y oppofe. Il faut remettre ce chapeau entre les mains de Monfieur le Bailli. Le voilà juftement.

JÉROME.

Ah! je fuis perdu!

LA PIQUETTE.

Voilà juftement Monfieur le Bailli qui vient. Il faut qu'il nous rende juftice.

SCENE XXV & *dernière.*

LES PRÉCÉDENS, LE BAILLI, LISIDOR.

LISIDOR.

OH! que je fuis content, mon cher Julien! Mais, qui peut donc occafionner ce tumulte? (*A M. le Bailli.*) Monfieur le Bailli, il paroît qu'on aura befoin ici de votre miniftère.

JULIEN, *à Lifidor.*

Vous faurez tout cela.

LE BAILLI.

Qu'eſt-ce que c'eſt donc que cela , mes enfans ? Voilà bien du tapage ici ?

LA PIQUETTE.

Tenez , Monſieur le Bailli , voilà d'abord le chapeau du père Jérôme , que je vous remets entre les mains ; il faut que la Juſtice ſoit nantie.

LE BAILLI.

Oh ! oh ! c'eſt une bonne pièce au procès que ce chapeau - là.... Vous avez la tête richement meublée , père Jérôme.

JÉROME.

J'offre de payer ce qu'on me demande , ainſi tout eſt dit.

LE BAILLI.

Non , tout n'eſt pas dit. Voilà une jeune fille à qui vous devez tenir compte du bien de ſa mère ; & moi , je lui dois juſtice , comme mineure. Il faut que nous acquittions tous deux notre dette envers elle. Combien y a - t - il dans ce chapeau ? Répondez franchement , ou bien , on va y voir.

JÉROME.

Il y a cent louis , Monſieur le Bailli.

LE BAILLI.

Cent louis ! N'êtes-vous pas honteux de retenir ainſi un argent qui ne vous appartient pas ?

J É R O M E.

Mais, Monſieur le Bailli, je ne veux pas lui en faire tort ; elle les trouvera toujours après moi.

L E B A I L L I.

Après vous !... Et pendant ce tems-là, vous l'empêchez de s'établir avec un jeune garçon qu'elle aime & dont elle eſt aimée. Vous faites tort à ces jeunes gens de l'intérêt de cet argent, qui, dans leurs mains, doit rapporter cent pour cent.... Et l'intérêt de leur plaiſir?... Savez-vous bien qu'à leur âge cet intérêt-là monte plus haut que le principal ?

J É R O M E.

Voilà ce que c'eſt que de ménager du bien à ſes enfans !

L E B A I L L I.

Allons, conſentez de bonne grace à donner ces cent louis à votre fille, pour ſon mariage avec Julien, ou la Juſtice vous y forcera.

J É R O M E.

Mais, Monſieur le Bailli, il y a conſcience de laiſſer une pareille ſomme à des morveux comme ça.

L E B A I L L I.

Ne faut-il pas mieux la laiſſer à un avare comme vous ?

B A B E T.

Nous n'en demandons pas tant , Monſieur

le Bailli. Que mon père confente feulement de partager avec nous , nous en aurons autant qu'il nous en faut , & nous fommes bien fûrs qu'il ne mangera pas le refte.

JULIEN.

Ah ! Babet, je reconnois bien là votre cœur! Oui , Monfieur le Bailli , laiffez - lui - en la moitié.

LE BAILLI.

Mes enfans, ce mouvement de générofité de votre part eft trop beau , pour que je m'y op-pofe. Venez-vous en tous chez moi , nous ferons ce partage - là. . . . Je fuis charmé de coopérer au bonheur de ces jeunes gens. . . . . De la joie, de la bonne humeur ! Je régale tout le monde, & je vous garantis que je ne ferai pas le moins content de la fête.

LISIDOR.

Bailli, voici un jugement qui vous fera beau-coup d'honneur.

LA PIQUETTE.

Mais , Monfieur le Bailli , v'là qu'eft fort bien ; vous rendez juftice à tout le monde ; il n'y a qu'une chofe à redire , c'eft que je ne vois pas là - dedans qu'eft - ce qui me payera , moi.

LE GARÇON LIMONADIER.

Et moi, donc ? il faut bien auffi que quelqu'un me paye la liqueur.

LISIDOR.

Rien n'eſt plus juſte : je me charge de payer toute la dépenſe ; il ne faut pas que perſonne ſoit mécontent.

JÉROME.

Monſieur, puiſque vous payez l'écot, il eſt juſte auſſi que Monſieur le Bailli me faſſe rendre, par mes Camarades, l'écu de ſix francs que vous leur avez donné tantôt.

LISIDOR.

Je ne ſais pas ce que vous voulez dire, père Jérôme ; je n'ai rien donné ni à vous, ni à vos Camarades.

JÉROME.

Oh que ſi Monſieur, je reconnois bien votre voix. C'eſt vous qui avez donné ici ce chien d'écu de ſix francs qui m'a tant porté gui-gnon, à telles enſeignes, que vous nous avez dit de l'aller boire à votre ſanté.

LISIDOR.

Ce n'eſt pas à vous autres que je le donnois ; c'étoit à Julien, à qui je devois cette petite reconnoiſſance.

JÉROME.

Ah ! voilà le pot-aux-roſes ! C'eſt ce mal-heureux quiproquo qui eſt la cauſe de tout ce qui m'arrive.

JULIEN.

Et c'eſt lui, ma chère Babet, qui a avancé le moment de notre bonheur.

BABET.

Que je fuis contente !

JÉROME.

La maudite journée ! Me voilà pourtant ruiné pour n'avoir pas vu affez clair, tandis que j'en connois tant qui ont fait leur fortune pour avoir fçu faire à propos les Aveugles.

F I N.

Lu & approuvé. A Paris, ce 16 Mars 1783,
SUARD.

Vu l'Approbation, permis d'imprimer. A Paris, ce 19 Mars 1783. LE NOIR.

TRAGÉDIES et COMÉDIES

Qui se trouvent chez CAILLEAU, Imprimeur-Libraire, rue Galande, vis-à-vis de la rue du Fouarre.

A.

ABDOLONIME, ou le Roi Berger.
A bon Chat, bon Rat.
A bon Vin point d'enseigne.
Absence du Maître. (l')
Ainsi va le Monde.
Amant de retour. (l')
Amour Quêteur. (l')
Amour Suisse. (l')
Amours de Montmartre. (les)
Avocat Chansonnier. (l')

B.

Bataille d'Antioche. (la)
Battus payent l'amende. (les)
Bienfaisans. (les)
Blaise le Hargneux.
Boniface Pointu.
Bons Amis. (les)
Bouquet d'Amour. (le)

C.

Cabinet de Figures. (le)
Cacophonie. (la)
Café des Halles. (le)
Ça n'en est pas.
Carmagnole & Guillot Gorju.
Chacun son Métier.
Corbeille enchantée. (la)
Colporteur supposé. (le)
Christophe le Rond.

D.

Daphnis & Zirphé.
Déserteur, Drame, (le) par M. Mercier.
Devin par hasard. (le)
Deux Fourbes. (les)
Deux Sylphes. (les)

Dindon rôti. (le)
Diogène Fabuliste.
Double Allégresse (la), ou les Epoux réunis.
Duc de Foix (le), Tragédie.
Dupes. (les)

E.

École des Coquettes. (l')
Écolier devenu Maître. (l')
Écossaise. (l')
Emménagement de la Folie. (l')
Enfans. (les)
Enfant gâté. (l')
Enrólement supposé. (l')
Ésope à la Foire.
Espiéglerie amoureuse. (l')
Étrennes de l'Amour, de l'Amitié & de la Nature. (les)

F.

Faux Talisman. (le)
Fausses Consultations. (les)
Fausses Infidélités. (les)
Faux Ami, Drame. (le)
Fédéric & Clitie.
Femmes & le Secret. (les)
Fête des Halles. (la)
Fête de Saint-Cloud. (la)
Fille Caméléon. (la)
Folies à la mode. (les)
Fou raisonnable. (le)
Frères Ennemis (les), Tragédie.

G.

Gémeaux. (les)
Gerfy & Gerfylie, ou les Dupes de l'Amour.
Gilles ravisseur.

H.

Héloïse (l') Anglaise, Drame.
Hymen, ou le Dieu jaune. (l')